O DIPLODOCO ERA UM
DINOSSAURO HERBÍVORO ENORME!
A CAUDA DELE PODIA TER MAIS DE QUINZE METROS!

O VELOCIRRAPTOR TINHA 1,80 METRO DE COMPRIMENTO E PESAVA APROXIMADAMENTE VINTE QUILOS.

O TIRANOSSAURO REX FOI UM GRANDE PREDADOR.
ELE TINHA DENTES MUITO AFIADOS!

O TRICERÁTOPO ERA UM HERBÍVORO QUADRÚPEDE.
ELE TINHA TRÊS CHIFRES NA CABEÇA E HABITAVA
PRINCIPALMENTE A REGIÃO DA AMÉRICA DO NORTE.

OS PALEONTÓLOGOS ACREDITAM QUE O ESPINOSSAURO SE ALIMENTAVA PRINCIPALMENTE DE PEIXES.

O ESTEGOSSAURO POSSUÍA ENORMES PLACAS ÓSSEAS NAS COSTAS E SEU NOME SIGNIFICA "LAGARTO TELHADO".

O PTERODÁCTILO ERA UM RÉPTIL VOADOR CARNÍVORO, MAS NÃO ERA UM DINOSSAURO.

O CORPO DO ANQUILOSSAURO
ERA PROTEGIDO POR UMA COURAÇA.
A ÚNICA PARTE DESPROTEGIDA DESSE
DINOSSAURO ERA A BARRIGA!